Her a Hwyl Mathemateg

TABLAU LLUOSI

5-7 Oed

Awdur Su Hurrell
Ymgynghorydd Sean McArdle
Addasiad Joshua Head a Llewellyn Goff

Tystysgrif

Llongyfarchiadau i ....
(ysgrifenna dy enw yma)
am gwblhau'r llyfr hwn yn llwyddiannus.

☆ *Rwyt ti'n seren!* ☆

RILY

Tabl 2

Cyfrifwch fesul 2, lliwiwch, a dewch o hyd i batrwm.

1	2	3	4	5
6	7	8	9	10
11	12	13	14	15
16	17	18	19	20
21	22	23	24	25

Ysgrifennwch yr atebion.

$1 \times 2 = \boxed{2}$ $2 \times 2 = \boxed{4}$ $3 \times 2 = \boxed{6}$ $4 \times 2 = \boxed{8}$

$5 \times 2 = \boxed{10}$ $6 \times 2 = \boxed{12}$ $7 \times 2 = \boxed{1}$ $8 \times 2 = \boxed{}$

$9 \times 2 = \boxed{}$ $10 \times 2 = \boxed{}$ $11 \times 2 = \boxed{}$ $12 \times 2 = \boxed{}$

Sawl clust?

 $\boxed{5}$ grŵp o 2 $\boxed{5}$ x $\boxed{2}$ = $\boxed{10}$ clust

 $\boxed{}$ grŵp o 2 $\boxed{}$ x $\boxed{}$ = $\boxed{}$ clust

 $\boxed{}$ grŵp o 2 $\boxed{}$ x $\boxed{}$ = $\boxed{}$ clust

 $\boxed{}$ grŵp o 2 $\boxed{}$ x $\boxed{}$ = $\boxed{}$ clust

Lluosi â 2

Sawl pâr o draed?

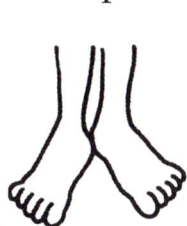

| 2 | grŵp o 2 = | 4 |

| 2 | x | 2 | = | 4 |

Sawl pâr o draed?

| 4 | grŵp o 2 = | 8 |

| 4 | x | 2 | = | 8 |

Sawl pâr o draed?

| | grŵp o 2 = | |

| | x | | = | |

Sawl pâr o draed?

| | grŵp o 2 = | |

| | x | | = | |

Sawl pâr o draed?

| | grŵp o 2 = | |

| | x | | = | |

Sawl pâr o draed?

| | grŵp o 2 = | |

| | x | | = | |

Tynnwch luniau gwahanol i gyd-fynd â'r symiau isod.

8 x 2 = 16

10 x 2 = 20

3

Rhannu â 2

Rhannwch yr wyau'n gyfartal rhwng y nythod.

$$10 \div 2 = 5$$

$\boxed{} \div 2 = \boxed{}$

$\boxed{} \div 2 = \boxed{}$

$\boxed{} \div 2 = \boxed{}$

$\boxed{} \div 2 = \boxed{}$

$\boxed{} \div 2 = \boxed{}$

$\boxed{} \div 2 = \boxed{}$

$\boxed{} \div 2 = \boxed{}$

Defnyddio tabl 2

Ysgrifennwch y symiau i gyd-fynd â'r stampiau.

6 rhesi o 2

6 x 2 = 12

___ rhesi o 2

___ x 2 = ___

___ rhesi o 2

___ x 2 = ___

___ rhesi o 2

___ x 2 = ___

___ rhesi o 2

___ x 2 = ___

___ rhes o 2

___ x 2 = ___

Tynnwch lun o'r stampiau i gyd-fynd â'r symiau isod.

3 x 2

4 x 2

2 x 2

7 x 2

Defnyddio tabl 2

Mae pob wyneb yn cynrychioli 2.
Cysylltwch bob set o wynebau â'r rhif cywir.

| 2 |

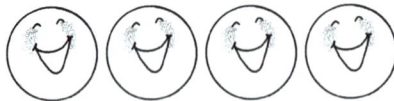

| 6 |

| 8 |

| 10 |

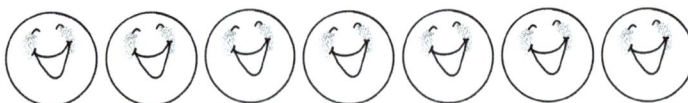

| 12 |

| 14 |

| 16 |

| 20 |

Defnyddio tabl 2

Sawl llygad?

| 3 | x | 2 | = | 6 | llygad |

| | x | | = | | llygad |

| | x | | = | | llygad |

| | x | | = | | llygad |

| | x | | = | | llygad |

| | x | | = | | llygad |

Tynnwch eich lluniau'ch hun i gyd-fynd â'r brawddegau rhif isod.

2 x 2 = 4

10 x 2 = 20

3 x 2 = 6

7 x 2 = 14

Tabl 5

Cyfrifwch fesul 5, lliwiwch, a dewch o hyd i batrwm.

1	2	3	4	5	6	7	8	9	10
11	12	13	14	15	16	17	18	19	20
21	22	23	24	25	26	27	28	29	30
31	32	33	34	35	36	37	38	39	40
41	42	43	44	45	46	47	48	49	50
51	52	53	54	55	56	57	58	59	60
61	62	63	64	65	66	67	68	69	70
71	72	73	74	75	76	77	78	79	80
81	82	83	84	85	86	87	88	89	90
91	92	93	94	95	96	97	98	99	100

Ysgrifennwch yr atebion.

1 x 5 = 5   2 x 5 =   3 x 5 =   4 x 5 =

5 x 5 =   6 x 5 =   7 x 5 =   8 x 5 =

9 x 5 =   10 x 5 =   11 x 5 =   12 x 5 =

Faint o losin?

4   grŵp o 5   4 x 5 = 20   losinen

    grŵp o 5   x   =   losinen

    grŵp o 5   x   =   losinen

    grŵp o 5   x   =   losinen

Lluosi â 5

Tynnwch gylch o amgylch rhesi o 5.
Cwblhewch y swm.

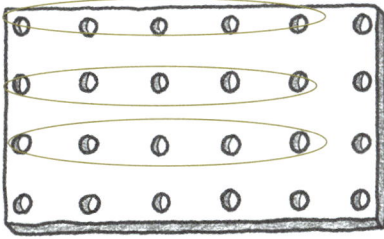

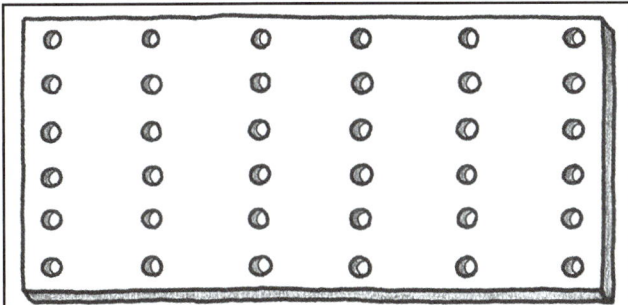

3 x 5 = 15

Tynnwch gylch o amgylch rhesi o 5. Cwblhewch y swm.

5 cylchoedd o 5 ☐ x 5 = ☐

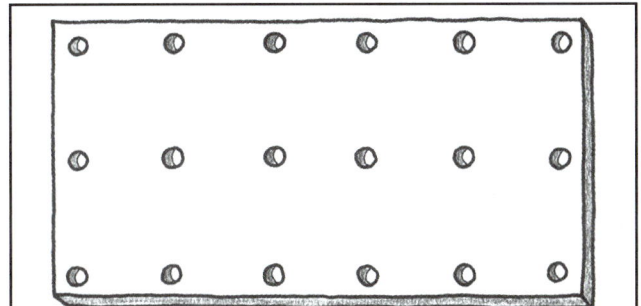

2 cylchoedd o 5 ☐ x 5 = ☐

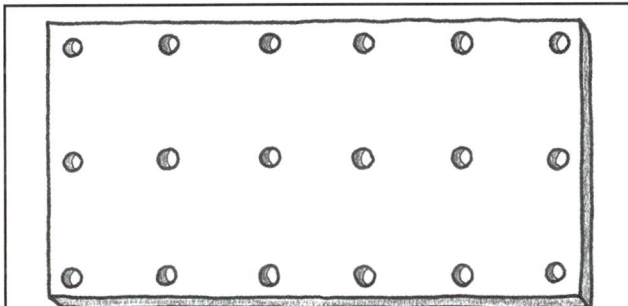

1 cylchoedd o 5 ☐ x 5 = ☐

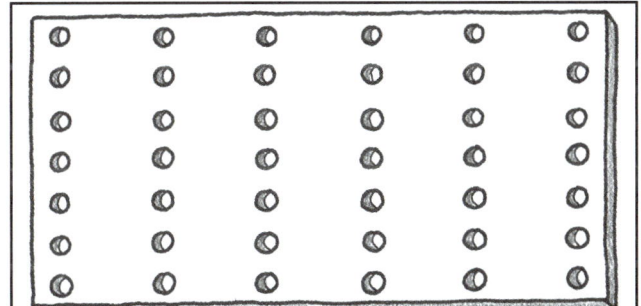

6 cylchoedd o 5 ☐ x 5 = ☐

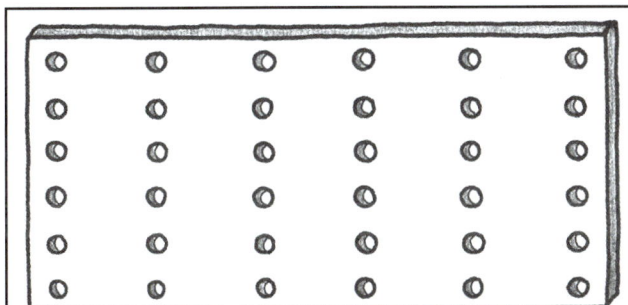

4 cylchoedd o 5 ☐ x 5 = ☐

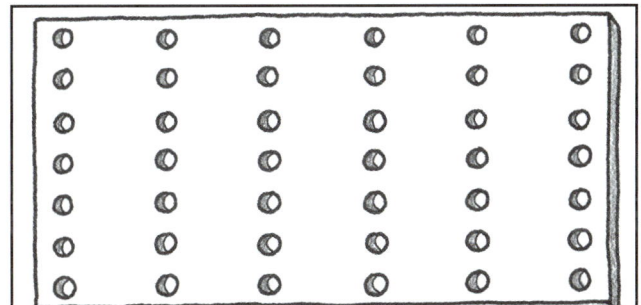

7 cylchoedd o 5 ☐ x 5 = ☐

Rhannu â 5

Ysgrifennwch frawddeg rif i ddangos sawl ciwb sydd ym mhob twr.

| 15 | ciwb i gyd |

| 5 | towers |

15 ÷ 5 = 3

Ysgrifennwch frawddeg rif i ddangos sawl ciwb sydd ym mhob twr.

20 ciwb i gyd

[ ] twr

[ ] ÷ [ ] = [ ]

30 ciwb i gyd

[ ] twr

[ ] ÷ [ ] = [ ]

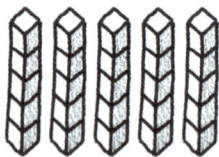

25 ciwb i gyd

[ ] twr

[ ] ÷ [ ] = [ ]

10 ciwb i gyd

[ ] twr

[ ] ÷ [ ] = [ ]

35 ciwb i gyd

[ ] twr

[ ] ÷ [ ] = [ ]

40 ciwb i gyd

[ ] twr

[ ] ÷ [ ] = [ ]

Defnyddio tabl 5

Ysgrifennwch y rhif sy'n cuddio o dan y seren.

☆ 4   x 5 = 20

Ysgrifennwch y rhif sy'n cuddio o dan y seren.

☆   x 5 = 10   3 x 5 = ☆

☆   x 5 = 25   1 x 5 = ☆

☆   x 5 = 50   8 x 5 = ☆

☆   x 5 = 45   0 x 5 = ☆

☆   x 5 = 35   6 x 5 = ☆

Defnyddio tabl 5

Mae pob broga'n cynrychioli 5. Cysylltwch bob set o frogaod â'r rhif cywir.

| 1 |
| 2 |
| 4 |
| 5 |
| 8 |
| 10 |
| 15 |
| 20 |
| 25 |
| 30 |
| 35 |
| 36 |
| 40 |
| 45 |
| 50 |

Defnyddio tabl 5

⭐

Sawl un sydd i gyd?

Roedd gan Georgia 7 cath.
Roedd gan bob cath 5 cath fach.
Sawl cath fach oedd yna i gyd?

$$7 \times 5 = 35 \text{ cath fach}$$

Sawl un sydd i gyd?

Roedd gan Osian 6 bocs. Roedd ganddo 5 trên ym mhob bocs. Sawl trên oedd ganddo i gyd?

☐ x ☐ = ☐ trên

Roedd gan Mel 3 siaced. Roedd 5 botwm ar bob siaced. Sawl botwm oedd yno i gyd?

☐ x ☐ = ☐ botwm

Roedd gan Iestyn 8 tanc pysgod. Roedd 5 pysgodyn ym mhob tanc. Sawl pysgodyn oedd yno i gyd?

☐ x ☐ = ☐ pysgodyn

Sawl un sydd ym mhob un?

Roedd gan Sam 45 pensil a 5 câs pensil. Sawl pensil oedd ym mhob câs?

$$45 \div 5 = 9 \text{ pensil}$$

Sawl un sydd ym mhob un?

Roedd gan Eirian 10 llygoden a 5 cawell. Sawl llygoden oedd ym mhob cawell?

☐ ÷ ☐ = ☐ llygoden

Roedd gan Siwan 35 losin a 5 bag. Sawl losinen oedd ym mhob bag?

☐ ÷ ☐ = ☐ losinen

Rhoddodd Cas 25 hedyn mewn 5 pot. Sawl hedyn oedd ym mhob pot?

☐ ÷ ☐ = ☐ hedyn

Tabl 10

Cyfrifwch fesul 10, lliwiwch, a dewch o hyd i batrwm.

1	2	3	4	5	6	7	8	9	10
11	12	13	14	15	16	17	18	19	20
21	22	23	24	25	26	27	28	29	30
31	32	33	34	35	36	37	38	39	40
41	42	43	44	45	46	47	48	49	50
51	52	53	54	55	56	57	58	59	60
61	62	63	64	65	66	67	68	69	70
71	72	73	74	75	76	77	78	79	80
81	82	83	84	85	86	87	88	89	90
91	92	93	94	95	96	97	98	99	100

Ysgrifennwch yr atebion.

1 x 10 = $\boxed{10}$ 2 x 10 = ☐   3 x 10 = ☐   4 x 10 = ☐

5 x 10 = ☐   6 x 10 = ☐   7 x 10 = ☐   8 x 10 = ☐

9 x 10 = ☐   10 x 10 = ☐   11 x 10 = ☐   12 x 10 = ☐

Mae pob bocs yn cynnwys 10 creon. Sawl creon sydd yna i gyd?

 $\boxed{2}$ grŵp o 10 $\boxed{2}$ x $\boxed{10}$ = $\boxed{20}$ creon

 ☐ grŵp o 10   ☐ x ☐ = ☐ creon

☐ grŵp o 10   ☐ x ☐ = ☐ creon

 ☐ grŵp o 10   ☐ x ☐ = ☐ creon

Lluosi a rhannu

Mae pob coden yn cynnwys 10 pysen. Sawl pysen sydd yna i gyd?

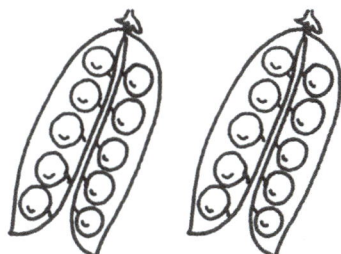

Sawl coden? 　2

2　x　10　=　20　pysen

Cyfrifwch sawl pysen.

　Sawl coden? ☐

☐　x　10　=　☐　pysen

Sawl coden? ☐

☐　x　☐　=　☐　pysen

　Sawl coden? ☐

☐　x　☐　=　☐　pysen

Sawl coden? ☐

☐　x　☐　=　☐　pysen

O faint o godennau daeth y pys?

30　÷ 10　=　3　coden

Cyfrifwch sawl coden.

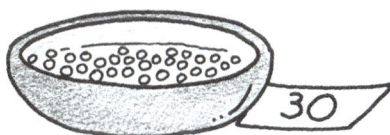

☐　÷ 10　=　☐　coden

☐　÷ 10　=　☐　coden

☐　÷ 10　=　☐　coden

☐　÷ 10　=　☐　coden

Rhannu â 10

Faint o bunnoedd sydd yna?

30 darn arian

$\boxed{30} \div 10 = £ \boxed{3}$

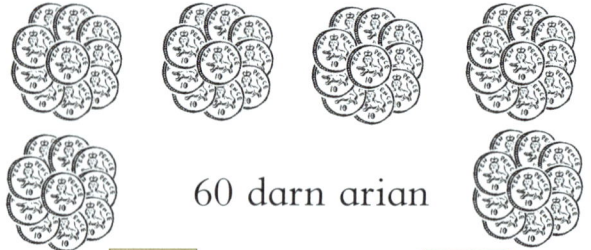

60 darn arian

$\boxed{} \div 10 = £ \boxed{}$

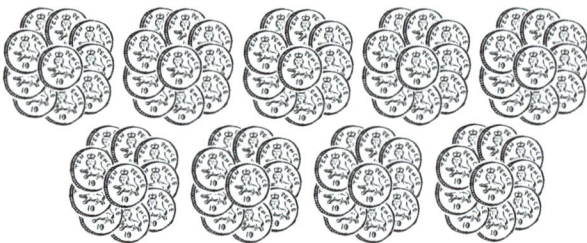

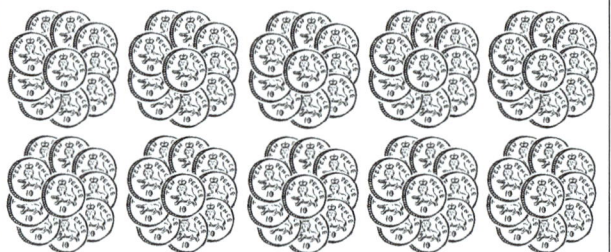

40 darn arian

$\boxed{} \div 10 = £ \boxed{}$

50 darn arian

$\boxed{} \div 10 = £ \boxed{}$

90 darn arian

$\boxed{} \div 10 = £ \boxed{}$

100 darn arian

$\boxed{} \div 10 = £ \boxed{}$

10 darn arian

$\boxed{} \div 10 = £ \boxed{}$

20 darn arian

$\boxed{} \div 10 = £ \boxed{}$

Defnyddio tabl 10

Sawl un sydd yna i gyd?

Roedd gan y gwiwerod 4 storfa fwyd.
Roedd 10 mesen ym mhob storfa.
Sawl mesen oedd yno i gyd?

$$4 \times 10 = 40 \text{ mesen}$$

Sawl un sydd i gyd?

Roedd y mwncïod yn byw mewn 6 choeden. Roedd 10 banana ar bob coeden. Sawl banana oedd ganddyn nhw i gyd?

☐ x ☐ = ☐ banana

Roedd y brogaod yn byw mewn 2 bwll. Roedd 10 deilen lili ym mhob pwll. Sawl deilen lili oedd yna i gyd?

☐ x ☐ = ☐ deilen lili

Roedd y nadroedd yn byw mewn 5 nyth. Roedd 10 wy ym mhob nyth. Sawl wy oedd yno i gyd?

☐ x ☐ = ☐ wy

Roedd gan y llewod 7 cenau. Roedd gan bob cenau 10 dant. Sawl dant oedd gan y cenawon i gyd?

☐ x ☐ = ☐ dant

Sawl un sydd ym mhob un?

Roedd gan y brain 40 o wyau a 10 nyth. Sawl wy oedd ym mhob nyth?

$$40 \div 10 = 4 \text{ wy}$$

Sawl un sydd ym mhob un?

Roedd 90 llygoden yn byw mewn 10 nyth. Sawl llygoden oedd ym mhob nyth?

☐ ÷ ☐ = ☐ llygoden

Roedd 60 llwynog yn cuddio mewn 10 ffau. Sawl llwynog oedd ym mhob ffau?

☐ ÷ ☐ = ☐ llwynogod

Defnyddio tabl 10

Parwch bob ci â'r asgwrn cywir.

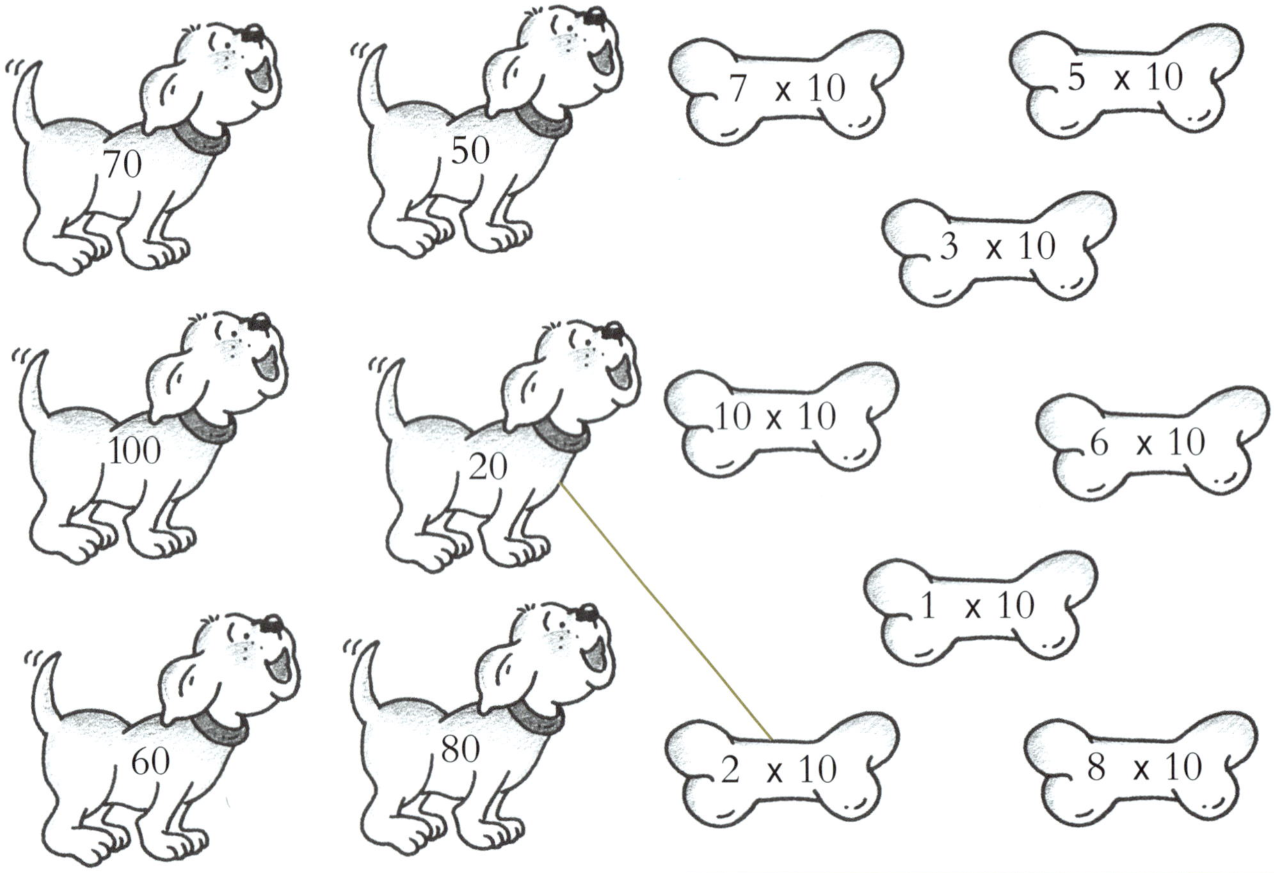

70

50

7 x 10

5 x 10

3 x 10

100

20

10 x 10

6 x 10

1 x 10

60

80

2 x 10

8 x 10

Parwch bob llygoden â'r caws cywir.

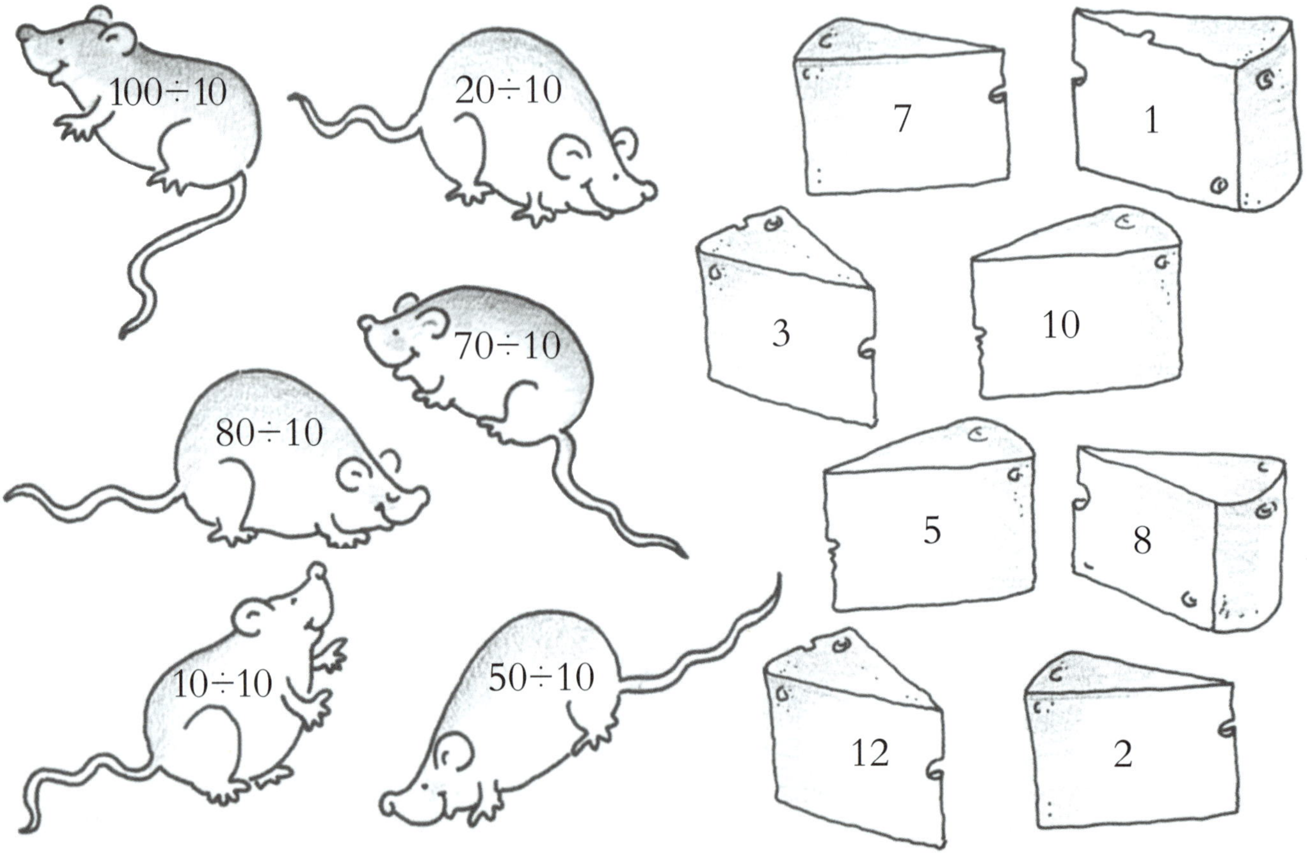

100÷10

20÷10

7

1

70÷10

3

10

80÷10

10÷10

50÷10

5

8

12

2

Defnyddio tabl 10

Ysgrifennwch y rhifau sydd ar goll.

3	x	10	=	30
10	x	3	=	30
30	÷	3	=	10
30	÷	10	=	3

5	x	10	=	50
6	x	5	=	50
50	÷		=	5
50	÷		=	10

7	x	10	=	70
	x		=	
	÷		=	
	÷		=	

9	x	10	=	90
	x		=	
	÷		=	
	÷		=	

2	x	10	=	20
	x		=	
	÷		=	
	÷		=	

4	x	10	=	40
	x		=	
	÷		=	
	÷		=	

8	x	10	=	80
	x		=	
	÷		=	
	÷		=	

6	x	10	=	60
	x		=	
	÷		=	
	÷		=	

Tabl 3

Cyfrifwch fesul 3, lliwiwch, a dewch o hyd i batrwm.

1	2	3	4	5
6	7	8	9	10
11	12	13	14	15
16	17	18	19	20
21	22	23	24	25

Ysgrifennwch yr atebion.

$1 \times 3 = \boxed{3}$　　$2 \times 3 = \square$　　$3 \times 3 = \square$　　$4 \times 3 = \square$　　$5 \times 3 = \square$

Sawl blodyn?

$\boxed{2}$ grwpiau o 3　$\boxed{2} \times \boxed{3} = \boxed{6}$

$\square$ grwpiau o 3　$\square \times \square = \square$

$\square$ grwpiau o 3　$\square \times \square = \square$

$\square$ grwpiau o 3　$\square \times \square = \square$

Lluosi â 3

Ysgrifennwch y brawddegau rhif i gyd-fynd â'r lluniau.

3 grwpiau o 3 = 9

3 x 3 = 9

4 grwpiau o 3 = ☐

☐ x ☐ = ☐

☐ grwpiau o 3 = ☐

☐ x ☐ = ☐

☐ grwpiau o 3 = ☐

☐ x ☐ = ☐

☐ grwpiau o 3 = ☐

☐ x ☐ = ☐

☐ grwpiau o 3 = ☐

☐ x ☐ = ☐

Tynnwch eich lluniau'ch hun i gyd-fynd â'r brawddegau rhif isod.

5 x 3 = 15

2 x 3 = 6

3 x 3 = 9

4 x 3 = 12

Rhannu â 3

Rhannwch yr arian yn gyfartal rhwng y pyrsiau. Ysgrifennwch swm i ddangos beth rydych chi wedi'i wneud. Efallai fyddwch chi'n ei chael hi'n haws i newid yr holl arian i mewn i ddarnau arian 1c.

5c 1p **6c** 1c 1c · 1c 1c · 1c 1c $6 \div 3 = 2$	10p 2p ☐ ☐ $\div 3 =$ ☐
2p 2p 1p 1p ☐ ☐ $\div$ ☐ $=$ ☐	2p 1p ☐ ☐ $\div$ ☐ $=$ ☐
5p 5p 5p ☐ ☐ $\div$ ☐ $=$ ☐	2p 2p 2p ☐ ☐ $\div$ ☐ $=$ ☐
2p 2p 2p 2p 1p ☐ ☐ $\div$ ☐ $=$ ☐	5p 2p 2p ☐ ☐ $\div$ ☐ $=$ ☐

Tabl 4

Cyfrifwch fesul 4, lliwiwch, a dewch o hyd i batrwm.

1	2	3	4	5
6	7	8	9	10
11	12	13	14	15
16	17	18	19	20
21	22	23	24	25

Ysgrifennwch yr atebion.

1 x 4 = $\boxed{4}$ 2 x 4 = $\boxed{}$ 3 x 4 = $\boxed{}$ 4 x 4 = $\boxed{}$ 5 x 4 = $\boxed{}$

Sawl blodyn?

$\boxed{4}$ grwpiau o 4 $\boxed{4}$ x $\boxed{4}$ = $\boxed{16}$

$\boxed{}$ grwpiau o 4 $\boxed{}$ x $\boxed{}$ = $\boxed{}$

$\boxed{}$ grwpiau o 4 $\boxed{}$ x $\boxed{}$ = $\boxed{}$

$\boxed{}$ grwpiau o 4 $\boxed{}$ x $\boxed{}$ = $\boxed{}$

Lluosi â 4

Ysgrifennwch y brawddegau rhif i gyd-fynd â'r lluniau.

3 grwpiau o 4 = 12

3 x 4 = 12

2 grwpiau o 4 =

□ x □ = □

□ grwpiau o 4 = □

□ x □ = □

□ grwpiau o 4 = □

□ x □ = □

□ grwpiau o 4 = □

□ x □ = □

□ grwpiau o 4 = □

□ x □ = □

Tynnwch luniau gwahanol i gyd-fynd â'r brawddegau rhif isod.

2 x 4 = 8

4 x 4 = 16

5 x 4 = 20

3 x 4 = 12

Rhannu â 4

Sawl un sydd ar bob plât?

Mae yna 4 o blant. Sawl peth fydd gan bob plentyn?
Tynnwch lun o'r gwrthrychau yn y cylchoedd.

8 brechdan

$8 \div 4 = 2$ yr un

12 bisged

$\boxed{} \div \boxed{4} = \boxed{}$ yr un

4 diod

$\boxed{} \div \boxed{} = \boxed{}$ yr un

20 ceiriosen

$\boxed{} \div \boxed{} = \boxed{}$ yr un

16 cacen

$\boxed{} \div \boxed{} = \boxed{}$ yr un

8 triongl caws

$\boxed{} \div \boxed{} = \boxed{}$ yr un

Tablau cymysg

Sawl peg sydd ym mhob bwrdd pegiau? Ysgrifennwch y swm.

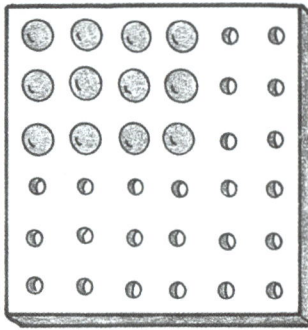

| 3 | rows of | 4 |

3 x 4 = 12

Sawl peg sydd ym mhob bwrdd pegiau? Ysgrifennwch y swm.

 ☐ rhesi o ☐

☐ x ☐ = ☐

 ☐ rhesi o ☐

☐ x ☐ = ☐

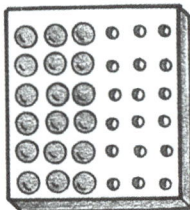 ☐ rhesi o ☐

☐ x ☐ = ☐

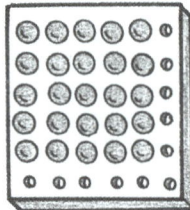 ☐ rhesi o ☐

☐ x ☐ = ☐

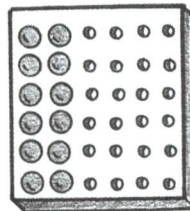 ☐ rhesi o ☐

☐ x ☐ = ☐

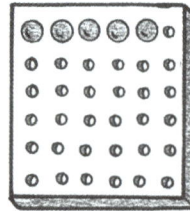 ☐ rhesi o ☐

☐ x ☐ = ☐

 ☐ rhesi o ☐

☐ x ☐ = ☐

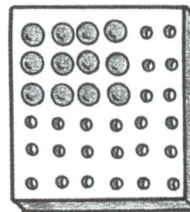 ☐ rhesi o ☐

☐ x ☐ = ☐

Tablau cymysg

Rhannwch y 12 ceiniog yn gyfartal. Tynnwch lun o'r darnau arian ac ysgrifennwch y swm i ddangos faint mae pob person yn ei gael.

1

$$12 \div 3 = 4$$

4 c yr un

2

$$\boxed{} \div \boxed{} = \boxed{}$$

$\boxed{}$ c yr un

3

$$\boxed{} \div \boxed{} = \boxed{}$$

$\boxed{}$ c yr un

4

$$\boxed{} \div \boxed{} = \boxed{}$$

$\boxed{}$ c yr un

5

$$\boxed{} \div \boxed{} = \boxed{}$$

$\boxed{}$ c yr un

Tablau cymysg

Faint fyddan nhw'n cael eu talu?

Rhestr tâl ar gyfer tasgau	
Tynnu llwch yn yr ystafell wely	3c
Bwydo'r gwningen	2c
Tacluso'r teganau	6c
Nôl y papur newydd	5c
Mynd â'r ci am dro	10c

Ysgrifennwch swm i ddangos faint o arian bydd Joe a Jasmine yn ei ennill wrth gyflawni'r tasgau isod.

Bwydo 4 cwningen

$$4 \times 2c = 8c$$

Tynnu llwch o 2 ystafell wely

$$\boxed{} \times \boxed{} = \boxed{}c$$

Mynd â'r ci am dro 4 gwaith

$$\boxed{} \times \boxed{} = \boxed{}c$$

Tacluso'r teganau 3 gwaith

$$\boxed{} \times \boxed{} = \boxed{}c$$

Nôl y papur newydd 5 gwaith

$$\boxed{} \times \boxed{} = \boxed{}c$$

Faint fyddant yn ei ennill am y tasgau hyn?
Defnyddiwch y lle gwag i ddangos eich dull gweithio allan.

Tynnu llwch o 3 ystafell wely a mynd â'r ci a dro ddwywaith.

$$\boxed{} + \boxed{} = \boxed{}c$$

Bwydo'r gwningen 10 gwaith a thacluso'r teganau ddwywaith.

$$\boxed{} + \boxed{} = \boxed{}c$$

Tablau cymysg

Ysgrifennwch y rhifau mae'r diferion glaw yn eu cuddio.

$4 \times 5 = 20$

$20 \div 4 = 5$

$2 \times 4 = $

$\div 2 = 4$

$1 \times = 3$

$\times 3 = 6$

$6 \div 3 = $

$3 \times = 3$

$45 \div 5 = $

$5 \times = 45$

$8 \times 2 = $

$16 \div 2 = $

$60 \div = 6$

$10 \times = 60$

$\times 4 = 12$

$12 \div 4 = $

$7 \times 5 = $

$\div 5 = 7$

$5 \times = 50$

$50 \div = 5$

Tablau cymysg

10 → ÷5 → 2
35 →
45 →
20 →

18 → ÷2 → 9
20 →
12 →
2 →

16 → ÷4 →
8 →
4 →
12 →

12 → ÷3 →
6 →
15 →
9 →

80 → ÷10 →
90 →
30 →
100 →

Tablau cymysg

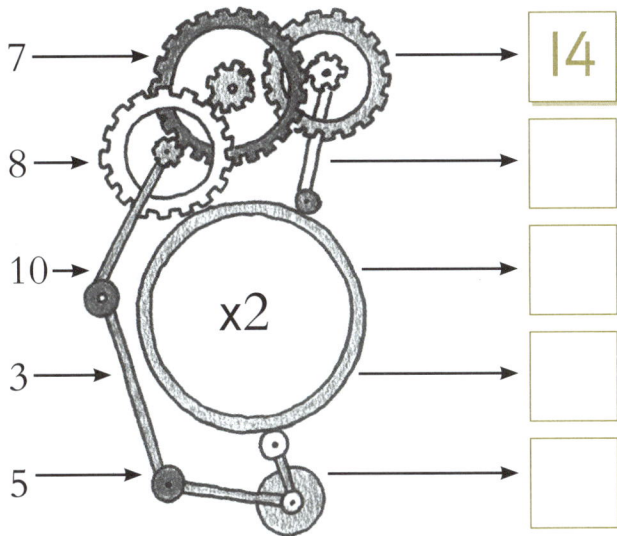

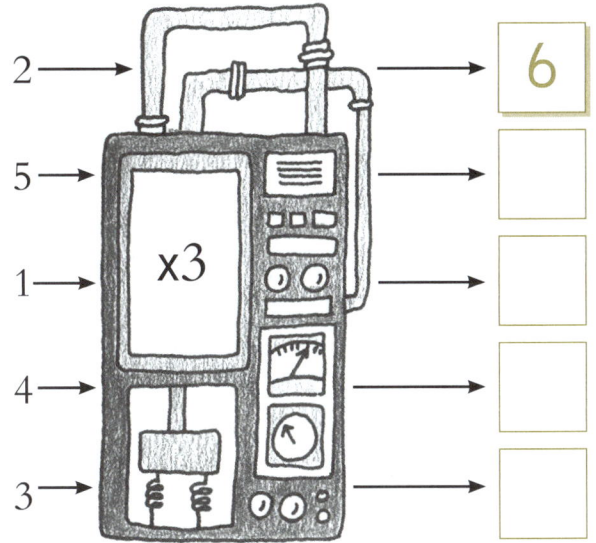

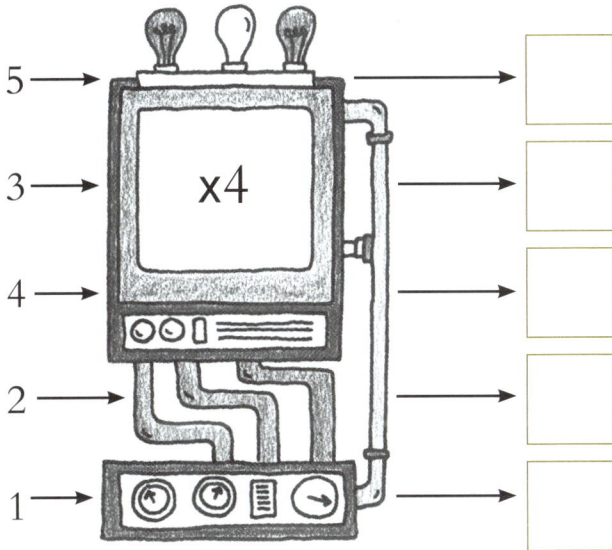

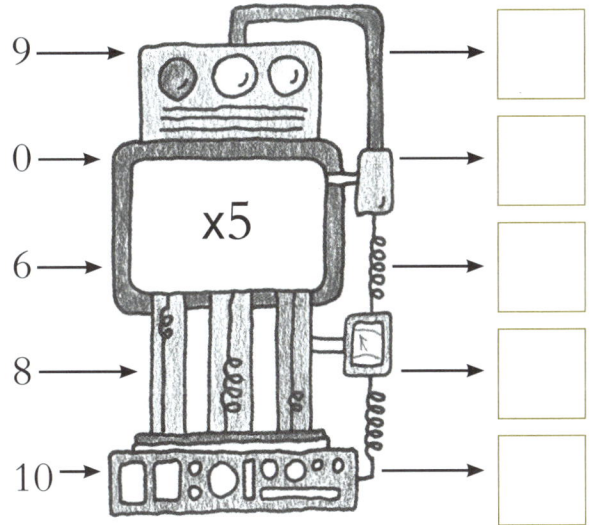

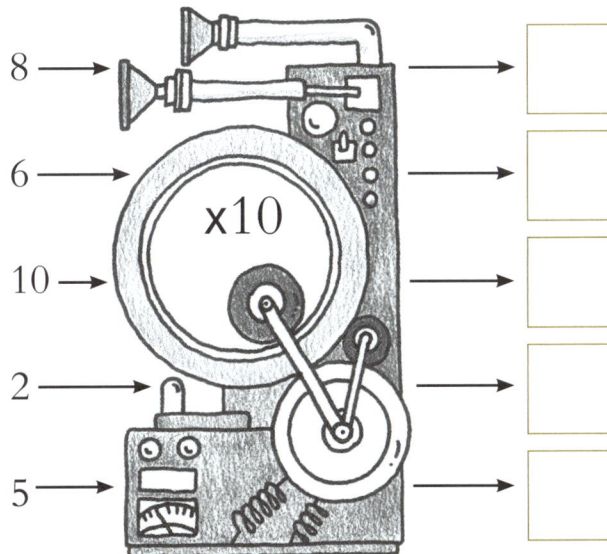

x2

7 → 14
8 →
10 →
3 →
5 →

x3

2 → 6
5 →
1 →
4 →
3 →

x4

5 →
3 →
4 →
2 →
1 →

x5

9 →
0 →
6 →
8 →
10 →

x10

8 →
6 →
10 →
2 →
5 →

Tablau cymysg

Cyfrifwch y niferoedd.

Coesau ar 2 anghenfil   2 x 3 = 6

Cyfrifwch y niferoedd.

Botymau ar 6 anghenfil   ☐ x ☐ = ☐ botymau

Llygaid ar 6 anghenfil   ☐ x ☐ = ☐ llygad

Dwylo ar 9 anghenfil   ☐ x ☐ = ☐ llaw

Trwynau ar 7 anghenfil   ☐ x ☐ = ☐ trwyn

Coesau ar 4 anghenfil   ☐ x ☐ = ☐ coes

Llygaid ar 3 anghenfil   ☐ x ☐ = ☐ llygad

Breichiau ar 8 anghenfil   ☐ x ☐ = ☐ braich

Botymau ar 10 anghenfil   ☐ x ☐ = ☐ botwm

---

2 ☆ **Tabl 2**

Cyfrifwch fesul 2, lliwiwch, a dewch o hyd i batrwm.

1	2	3	4	5
6	7	8	9	10
11	12	13	14	15
16	17	18	19	20
21	22	23	24	25

Ysgrifennwch yr atebion.

$1 \times 2 = 2$ $2 \times 2 = 4$ $3 \times 2 = 6$ $4 \times 2 = 8$

$5 \times 2 = 10$ $6 \times 2 = 12$ $7 \times 2 = 14$ $8 \times 2 = 16$

$9 \times 2 = 18$ $10 \times 2 = 20$ $11 \times 2 = 22$ $12 \times 2 = 24$

Sawl clust?

5 grŵp o 2 $5 \times 2 = 10$ clust

2 grŵp o 2 $2 \times 2 = 4$ clust

8 grŵp o 2 $8 \times 2 = 16$ clust

4 grŵp o 2 $4 \times 2 = 8$ clust

Dylai plant sylweddoli bod lluosi â 2 yr un peth ag ychwanegu 2 dro ar ôl tro. Mae 2 x 3 yr un peth â 2+2+2. Helpwch nhw i sylweddoli bod y patrwm maen nhw wedi'i liwio'n cynnwys eilrifau yn unig. A allant ddefnyddio hwn i ddweud wrthych chi os yw 27 neu 31 mewn tabl 2?

---

3 **Lluosi â 2** ☆

Ysgrifennwch y symiau.

Sawl pâr o draed?
2 grŵp o 2 = 4
$2 \times 2 = 4$

Sawl pâr o draed?
4 grŵp o 2 = 8
$4 \times 2 = 8$

Sawl pâr o draed?
7 grŵp o 2 = 14
$7 \times 2 = 14$

Sawl pâr o draed?
6 grŵp o 2 = 12
$6 \times 2 = 12$

Sawl pâr o draed?
5 grŵp o 2 = 10
$5 \times 2 = 10$

Sawl pâr o draed?
1 grŵp o 2 = 2
$1 \times 2 = 2$

Tynnwch luniau gwahanol i gyd-fynd â'r symiau isod.

Child's drawing	Child's drawing
8 x 2 = 16	10 x 2 = 20

Ydi plant yn gallu dweud beth maen nhw'n ei weld yn y llun (e.e. 3 grŵp o 2 droed) cyn iddyn nhw ddarllen y frawddeg rif? Gofynnwch i blant osod gwrthrychau fel brics adeiladu mewn 'grwpiau' o 2.

---

4 ☆ **Rhannu â 2**

Rhannwch yr wyau'n gyfartal rhwng y nythod.

$10 \div 2 = 5$ $6 \div 2 = 3$

$4 \div 2 = 2$ $8 \div 2 = 4$

$12 \div 2 = 6$ $16 \div 2 = 8$

$20 \div 2 = 10$ $14 \div 2 = 7$

Ydi plant yn gwybod bod yr arwydd ÷ yn golygu rhannu pethau'n grwpiau cyfartal, neu eu rhannu'n bentyrrau? Gall botymau bach gynrychioli'r wyau, a gallant ddefnyddio'r botymau i'w rhannu rhwng y ddau nyth llai bob tro. Mae llawer o waith ymarferol yn rhan bwysig o'r cam hwn.

Defnyddio tabl 2

Ysgrifennwch y symiau i gyd-fynd â'r stampiau.

6 rhesi o 2 **6** x **2** = **12**	**8** rhesi o 2 **8** x 2 = **16**
3 rhesi o 2 **3** x 2 = **6**	**5** rhesi o 2 **5** x 2 = **10**
9 rhesi o 2 **9** x 2 = **18**	**1** rhes o 2 **1** x 2 = **2**

Tynnwch lun o'r stampiau i gyd-fynd â'r symiau isod.

3 x 2	4 x 2
2 x 2	7 x 2

Dylai plant sylweddoli bod y rhif cyntaf (nifer y rhesi) yn cael ei gyfri i lawr y stribed, ac nid ar draws. Eglurwch sut gall defnyddio'u tablau lluosi a chyfrif y rhesi a'r nifer ar draws arbed amser iddynt. Bydd y dasg hon llawer yn haws os gall plant adrodd tabl 2 eisoes.

Defnyddio tabl 2

Mae pob wyneb yn cynrychioli 2.
Cysylltwch bob set o wynebau â'r rhif cywir.

2
6
8
10
12
14
16
20

Bydd angen i blant allu cyfrif pob yn 2 hyd at 20 er mwyn rhoi cynnig ar y gweithgaredd hwn. Os ydyn nhw'n ei chael hi'n anodd gweld pob wyneb sengl fel '2', yna mae'n werth ddefnyddio casgliad o ddarnau arian 2c i atgyfnerthu'r ffaith mai un darn arian yn unig sydd yno, ond mae'n cynrychioli dwy geiniog.

Defnyddio tabl 2

Sawl llygad?

3 x **2** = **6** llygad	**5** x 2 = **10** llygad
9 x 2 = **18** llygad	**2** x 2 = **4** llygad
8 x 2 = **16** llygad	**4** x 2 = **8** llygad

Tynnwch eich lluniau'ch hun i gyd-fynd â'r brawddegau rhif isod.

2 x 2 = 4	10 x 2 = 20 Darlun y plentyn
3 x 2 = 6 Darlun y plentyn	7 x 2 = 14 Darlun y plentyn

Anogwch eich plentyn i ddisgrifio'r hyn maent yn ei wneud ar lafar wrth gwblhau'r gweithgaredd er mwyn i chi wirio'u bod yn deall yr hyn maent yn ei wneud. Ydyn nhw'n defnyddio'r nifer o barau fel y rhif cyntaf a'r nifer yn y pâr (h.y. 2) am yr ail?

Tabl 5

Cyfrifwch fesul 5, lliwiwch, a dewch o hyd i batrwm.

1	2	3	4	5	6	7	8	9	10
11	12	13	14	15	16	17	18	19	20
21	22	23	24	25	26	27	28	29	30
31	32	33	34	35	36	37	38	39	40
41	42	43	44	45	46	47	48	49	50
51	52	53	54	55	56	57	58	59	60
61	62	63	64	65	66	67	68	69	70
71	72	73	74	75	76	77	78	79	80
81	82	83	84	85	86	87	88	89	90
91	92	93	94	95	96	97	98	99	100

Ysgrifennwch yr atebion.

1 x 5 = **5**	2 x 5 = **10**	3 x 5 = **15**	4 x 5 = **20**
5 x 5 = **25**	6 x 5 = **30**	7 x 5 = **35**	8 x 5 = **40**
9 x 5 = **45**	10 x 5 = **50**	11 x 5 = **55**	12 x 5 = **60**

Faint o losin?

4 grŵp o 5 **4** x **5** = **20** losinen

3 grŵp o 5 **3** x 5 = **15** losinen

8 grŵp o 5 **8** x 5 = **40** losinen

7 grŵp o 5 **7** x 5 = **35** losinen

Ydi'r plant yn gallu dweud wrthoch chi beth maen nhw wedi sylwi arno am y rhifau maen nhw wedi'u lliwio ar y grid? (Mae'r digid olaf yn gorffen gyda 0 neu 5 bob tro.) Ydyn nhw'n gallu defnyddio'r wybodaeth hon i ddweud wrthoch chi os ydi 78, 90 neu 23, neu hyd yn oed 995, yn gynwysedig yn nhabl 5.

Lluosi â 5 ☆

Tynnwch gylch o amgylch rhesi o 5.
Cwblhewch y swm.

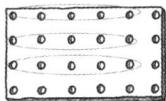

3 x 5 = 15

Tynnwch gylch o amgylch rhesi o 5. Cwblhewch y swm.

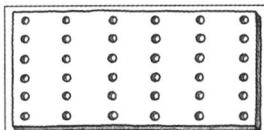

5 cylchoedd o 5   5 x 5 = 25

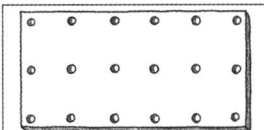

2 cylchoedd o 5   2 x 5 = 10

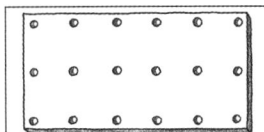

1 cylchoedd o 5   1 x 5 = 5

6 cylchoedd o 5   6 x 5 = 30

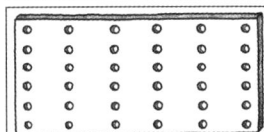

4 cylchoedd o 5   4 x 5 = 20

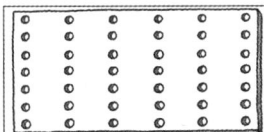

7 cylchoedd o 5   7 x 5 = 35

Mae angen atgoffa plant ei fod yn gyflymach iddyn nhw allu dweud, '7 rhes o 5, sef 7x5, sef 35' o'i gymharu â chyfrif pob un o'r 35 twll yn unigol.

Rhannu â 5

Ysgrifennwch frawddeg rif i ddangos sawl ciwb sydd ym mhob tŵr.

15 ciwb i gyd
5 towers
15 ÷ 5 = 3

Ysgrifennwch frawddeg rif i ddangos sawl ciwb sydd ym mhob tŵr.

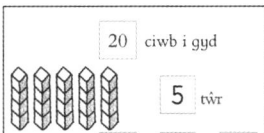

20 ciwb i gyd   5 tŵr   20 ÷ 5 = 4

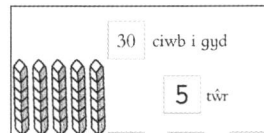

30 ciwb i gyd   5 tŵr   30 ÷ 5 = 6

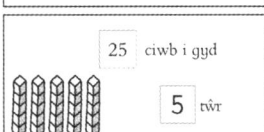

25 ciwb i gyd   5 tŵr   25 ÷ 5 = 5

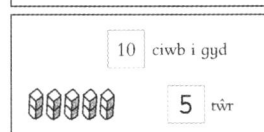

10 ciwb i gyd   5 tŵr   10 ÷ 5 = 2

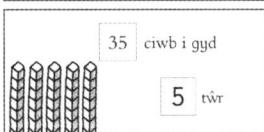

35 ciwb i gyd   5 tŵr   35 ÷ 5 = 7

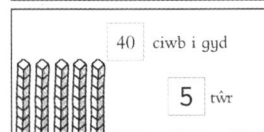

40 ciwb i gyd   5 tŵr   40 ÷ 5 = 8

Byddai defnyddio brics adeiladu i ddangos pob swm yn ymarferol yn meithrin dealltwriaeth. Ydi'r plant yn gallu disgrifio mewn geiriau beth maen nhw wedi'i wneud, e.e. 'Mae 40 o frics wedi'u rhannu rhwng 5 tŵr yn rhoi 8 bricsen ym mhob tŵr'?

Defnyddio tabl 5 ☆

Ysgrifennwch y rhif sy'n cuddio o dan y seren.

★ 4   x 5 = 20

Ysgrifennwch y rhif sy'n cuddio o dan y seren.

★ 2   x 5 = 10   3 x 5 =   ★ 15

★ 5   x 5 = 25   1 x 5 =   ★ 5

★ 10 x 5 = 50   8 x 5 =   ★ 40

★ 9   x 5 = 45   0 x 5 =   ★ 0

★ 7   x 5 = 35   6 x 5 =   ★ 30

Mae angen i blant allu adrodd tabl 5 (hyd yn oed os ydi hynny'n araf; mae hefyd angen iddo fod yn y drefn gywir), cyn iddynt allu rho cynnig ar y gweithgaredd hwn. Anogwch nhw i ddarllen y frawddeg rif ar lafar: 'rhywbeth (y seren) lluosi 5 = 10', cyn iddyn nhw geisio datrys beth yw'r 'rhywbeth'.

Defnyddio tabl 5

Mae pob broga'n cynrychioli 5. Cysylltwch bob set o frogaod â'r rhif cywir.

1
2
4
5
8
10
15
20
25
30
35
36
40
45
50

Eglurwch fod mwy o rifau na sydd yna o grwpiau o frogaod, felly ni fydd pob rhif yncysylltu ag un arall. Atgoffwch y plant fod digid olaf pob rhif yn nhabl 5 yn gorffen gyda 0 neu 5. Ydyn nhw'n gallu defnyddio'r ffaith hon i ragfynegi pa rifau na fydd yn cael eu cysylltu â'r brogaod?

13 — Defnyddio tabl 5

Sawl un sydd i gyd?

Roedd gan Georgia 7 cath.
Roedd gan bob cath 5 cath fach.
Sawl cath fach oedd yna i gyd?

$7 \times 5 = 35$ cath fach

Sawl un sydd i gyd?

Roedd gan Osian 6 bocs. Roedd ganddo 5 trên ym mhob bocs.
Sawl trên oedd ganddo i gyd?

$6 \times 5 = 30$ trên

Roedd gan Mel 3 siaced.
Roedd 5 botwm ar bob siaced.
Sawl botwm oedd yno i gyd?

$3 \times 5 = 15$ botwm

Roedd gan Iestyn 8 tanc pysgod.
Roedd 5 pysgodyn ym mhob tanc.
Sawl pysgodyn oedd yno i gyd?

$8 \times 5 = 40$ pysgodyn

Sawl un sydd ym mhob un?

Roedd gan Sam 45 pensil a 5 câs pensil. Sawl pensil oedd ym mhob câs?

$45 \div 5 = 9$ pensil

Sawl un sydd ym mhob un?

Roedd gan Eirian 10 llygoden a 5 cawell. Sawl llygoden oedd ym mhob cawell?

$10 \div 5 = 2$ llygoden

Roedd gan Siwan 35 losin a 5 bag. Sawl losinen oedd ym mhob bag?

$35 \div 5 = 7$ losinen

Rhoddodd Cas 25 hedyn mewn 5 pot. Sawl hedyn oedd ym mhob pot?

$25 \div 5 = 5$ hedyn

Efallai fydd yn ddefnyddiol i blant dynnu llun i'w helpu nhw i ddelweddu'r sefyllfaoedd, neu efallai hoffent ddefnyddio cownteri, e.e. siapiau pasta, i gynrychioli'r gwrthrychau.

14 — Tabl 10

Cyfrifwch fesul 10, lliwiwch, a dewch o hyd i batrwm.

1	2	3	4	5	6	7	8	9	10
11	12	13	14	15	16	17	18	19	20
21	22	23	24	25	26	27	28	29	30
31	32	33	34	35	36	37	38	39	40
41	42	43	44	45	46	47	48	49	50
51	52	53	54	55	56	57	58	59	60
61	62	63	64	65	66	67	68	69	70
71	72	73	74	75	76	77	78	79	80
81	82	83	84	85	86	87	88	89	90
91	92	93	94	95	96	97	98	99	100

Ysgrifennwch yr atebion.

$1 \times 10 = 10$ $2 \times 10 = 20$ $3 \times 10 = 30$ $4 \times 10 = 40$

$5 \times 10 = 50$ $6 \times 10 = 60$ $7 \times 10 = 70$ $8 \times 10 = 80$

$9 \times 10 = 90$ $10 \times 10 = 100$ $11 \times 10 = 110$ $12 \times 10 = 120$

Mae pob bocs yn cynnwys 10 creon. Sawl creon sydd yna i gyd?

2 grŵp o 10 $2 \times 10 = 20$ creon

4 grŵp o 10 $4 \times 10 = 40$ creon

6 grŵp o 10 $6 \times 10 = 60$ creon

9 grŵp o 10 $9 \times 10 = 90$ creon

Beth mae plant yn sylwi arno am y rhifau yn y dilyniant? (Mae'r degau'n mynd i fyny fesul un, tra bod yr unedau yn aros yn 0 bob tro). Gofynnwch iddyn nhw ddefnyddio'r hyn maen nhw'n ei wybod i ragfynegi a yw rhifau eraill fel 74, 12 543 a 990 yn rhan o'r dilyniant o ddegau neu beidio.

15 — Lluosi a rhannu

Mae pob coden yn cynnwys 10 pysen. Sawl pysen sydd yna i gyd?

Sawl coden? 2

$2 \times 10 = 20$ pysen

Cyfrifwch sawl pysen.

Sawl coden? 4

$4 \times 10 = 40$ pysen

Sawl coden? 3

$3 \times 10 = 30$ pysen

Sawl coden? 6

$6 \times 10 = 60$ pysen

Sawl coden? 5

$5 \times 10 = 50$ pysen

O faint o godennau daeth y pys?

$30 \div 10 = 3$ coden

Cyfrifwch sawl coden.

$10 \div 10 = 1$ coden $100 \div 10 = 10$ coden

$20 \div 10 = 2$ coden $70 \div 10 = 7$ coden

Mae rhannu rhif gyda'i hun yn aml yn achosi dryswch. Byddai'n werth ddefnyddio 10 pysen wedi'i sychu (neu gownter gwahanol), a gadael i blant eu rhannu rhwng 10 cwpan (neu gylchoedd wedi'u tynnu ar bapur), fel bod nhw'n gallu gweld mewn mai dim ond 1 bydd 10÷10 yn ei roi ym mhob set.

16 — Rhannu â 10

Mae un bunt yr un fath â deg darn arian 10c.

Faint o bunnoedd sydd yna?

30 darn arian $30 \div 10 = £3$

60 darn arian $60 \div 10 = £6$

40 darn arian $40 \div 10 = £4$

50 darn arian $50 \div 10 = £5$

90 darn arian $90 \div 10 = £9$

100 darn arian $100 \div 10 = £10$

10 darn arian $10 \div 10 = £1$

20 darn arian $20 \div 10 = £2$

Mae angen i blant wybod tabl 10 ar gyfer y dudalen hon, gan nad yw'n ymarferol i gyfrif y darnau arian ar lafar. Os ydyn nhw'n gwybod bod 8 x (grŵp o) 10 yn hafal i 80, yna dylen nhw sylweddoli a bod yn ymwybodol fod 80 ÷ (rhannu gyda) 10 yn hafal i 8. Dylid atgyfnerthu'r ffeithiau cysylltiedig hyn.

Defnyddio tabl 10 ⭐

Sawl un sydd yna i gyd?

Roedd gan y gwiwerod 4 storfa fwyd.
Roedd 10 mesen ym mhob storfa.
Sawl mesen oedd yno i gyd?

$4 \times 10 = 40$ mesen

Sawl un sydd i gyd?

Roedd y mwncïod yn byw mewn 6 choeden. Roedd 10 banana ar bob coeden. Sawl banana oedd ganddyn nhw i gyd?

$6 \times 10 = 60$ banana

Roedd y brogaod yn byw mewn 2 bwll. Roedd 10 deilen lili ym mhob pwll. Sawl deilen lili oedd yna i gyd?

$2 \times 10 = 20$ deilen lili

Roedd y nadroedd yn byw mewn 5 nyth. Roedd 10 wy ym mhob nyth. Sawl wy oedd yno i gyd?

$5 \times 10 = 50$ wy

Roedd gan y llewod 7 cenau. Roedd gan bob cenau 10 dant. Sawl dant oedd gan y cenawon i gyd?

$7 \times 10 = 70$ dant

Sawl un sydd ym mhob un?

Roedd gan y brain 40 o wyau a 10 nyth. Sawl wy oedd ym mhob nyth?

$40 \div 10 = 4$ wy

Sawl un sydd ym mhob un?

Roedd 90 llygoden yn byw mewn 10 nyth. Sawl llygoden oedd ym mhob nyth?

$90 \div 10 = 9$ llygoden

Roedd 60 llwynog yn cuddio mewn 10 ffau. Sawl llwynog oedd ym mhob ffau?

$60 \div 10 = 6$ llwynogod

Ydi plant yn deall bod y rhifau hyn yn rhy fawr iddyn nhw dynnu llun neu ddefnyddio gwrthrychau i gynrychioli'r problemau? Bydd angen iddynt ddefnyddio ffeithiau'r tablau lluosi i gyfrifo'r atebion yn eu pennau.

Defnyddio tabl 10

Parwch bob ci â'r asgwrn cywir.

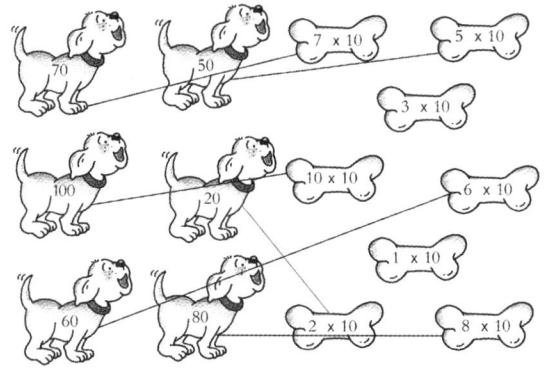

Parwch bob llygoden â'r caws cywir.

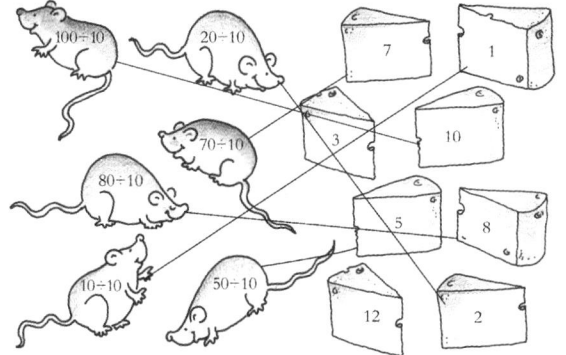

Gofynnwch i blant egluro beth yw ystyr 'x' a '÷'. Nid yw pob llun yncysylltu â'i gilydd. Mae rhai plant yn gweld angen i gysylltu popeth â rhywbeth, ac o ganlyniad, maen nhw'n camddeall wrth gwblhau profion diwedd modiwl. Mae'r dudalen hon yn cynnig cyfle da i ymarfer cyfuno dim ond pan fod pâr.

Defnyddio tabl 10 ⭐

Ysgrifennwch y rhifau sydd ar goll.

$3 \times 10 = 30$
$10 \times 3 = 30$
$30 \div 3 = 10$
$30 \div 10 = 3$

$5 \times 10 = 50$
$10 \times 5 = 50$
$50 \div 10 = 5$
$50 \div 5 = 10$

$7 \times 10 = 70$
$10 \times 7 = 70$
$70 \div 10 = 7$
$70 \div 7 = 10$

$9 \times 10 = 90$
$10 \times 9 = 90$
$90 \div 10 = 9$
$90 \div 9 = 10$

$2 \times 10 = 20$
$10 \times 2 = 20$
$20 \div 10 = 2$
$20 \div 2 = 10$

$4 \times 10 = 40$
$10 \times 4 = 40$
$40 \div 10 = 4$
$40 \div 4 = 10$

$8 \times 10 = 80$
$10 \times 8 = 80$
$80 \div 10 = 8$
$80 \div 8 = 10$

$6 \times 10 = 60$
$10 \times 6 = 60$
$60 \div 10 = 6$
$60 \div 6 = 10$

Bydd defnyddio gwrthrychau ymarferol (fel 8 pensil) yn helpu plant i ddeall sut gellir rhannu'r set cyfan mewn gwahanol ffyrdd.

Tabl 3

Cyfrifwch fesul 3, lliwiwch, a dewch o hyd i batrwm.

1	2	3	4	5
6	7	8	9	10
11	12	13	14	15
16	17	18	19	20
21	22	23	24	25

Ysgrifennwch yr atebion.

$1 \times 3 = 3$ $2 \times 3 = 6$ $3 \times 3 = 9$ $4 \times 3 = 12$ $5 \times 3 = 15$

Sawl blodyn?

2 grwpiau o 3 $2 \times 3 = 6$

3 grwpiau o 3 $3 \times 3 = 9$

4 grwpiau o 3 $4 \times 3 = 12$

5 grwpiau o 3 $5 \times 3 = 15$

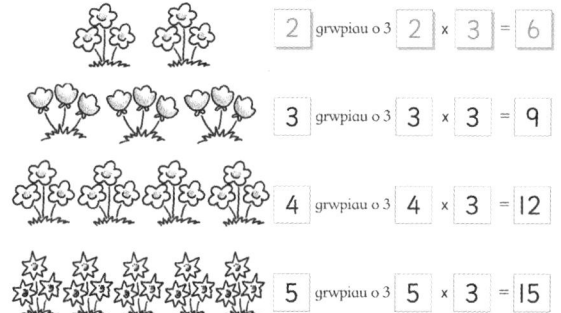

Nid oes gan dabl 3 batrymau amlwg iawn i blant ifanc eu hadnabod, sy'n egluro pam mae'n tueddu i gael ei ddysgu hyd at 5 x 3 yn unig ar lefel babanod cyfartalog. Os yw plant yn gallu defnyddio a dysgu'r tabl y tu hwnt i'r lefel hon, yna cefnogwch nhw i wneud.

Lluosi â 3

Ysgrifennwch y brawddegau rhif i gyd-fynd â'r lluniau.

| 3 | grwpiau o 3 = | 9 |

3 x 3 = 9

4 grwpiau o 3 = 12

4 x 3 = 12

2 grwpiau o 3 = 6

2 x 3 = 6

5 grwpiau o 3 = 15

5 x 3 = 15

3 grwpiau o 3 = 9

3 x 3 = 9

1 grwpiau o 3 = 3

1 x 3 = 3

Tynnwch eich lluniau'ch hun i gyd-fynd â'r brawddegau rhif isod.

Child's drawing	Child's drawing
5 x 3 = 15	2 x 3 = 6
Child's drawing	Child's drawing
3 x 3 = 9	4 x 3 = 12

Anogwch blant i ddefnyddio iaith fathemategol mewn brawddegau, fel '5 grŵp o 3 banana yw 15 banana i gyd'. Bydd hyn yn helpu i feithrin eu dealltwriaeth o ystyr y symbolau ysgrifenedig, a bydd hefyd yn eich helpu chi i wirio'u dealltwriaeth.

Rhannu â 3

Rhannwch yr arian yn gyfartal rhwng y pyrsiau. Ysgrifennwch swm i ddangos beth rydych chi wedi'i wneud. Efallai fyddwch chi'n ei chael hi'n haws i newid yr holl arian i mewn i ddarnau arian 1c.

6c — 6 ÷ 3 = 2

12c — 12 ÷ 3 = 4

6c — 6 ÷ 3 = 2

3c — 3 ÷ 3 = 1

15c — 15 ÷ 3 = 5

6c — 6 ÷ 3 = 2

9c — 9 ÷ 3 = 3

9c — 9 ÷ 3 = 3

Anogwch blant i wirio faint o arian sydd ym mhob pwrs. Bydd defnyddio darnau arian 1c yn ddefnyddiol. Ydyn nhw'n sylweddoli bod y symiau mewn rhai o'r cwestiynau'r un fath, er bod y darnau arian yn wahanol? Felly, mae'r swm sy'n cael ei rannu i bob pwrs yr un fath.

Tabl 4

Cyfrifwch fesul 4, lliwiwch, a dewch o hyd i batrwm.

1	2	3	4	5
6	7	8	9	10
11	12	13	14	15
16	17	18	19	20
21	22	23	24	25

Ysgrifennwch yr atebion.

1 x 4 = 4   2 x 4 = 8   3 x 4 = 12   4 x 4 = 16   5 x 4 = 20

Sawl blodyn?

4 grwpiau o 4   4 x 4 = 16

3 grwpiau o 4   3 x 4 = 12

2 grwpiau o 4   2 x 4 = 8

5 grwpiau o 4   5 x 4 = 20

Nid yw dysgu tabl 4 dros gyfrifiad o 5 yn hanfodol ar hyn o bryd. Fodd bynnag, os yw plant yn sicr o dablau 2, 5 a 10, yna helpwch nhw i ddysgu'r tu hwnt i'r rhain. Nid yw'r patrwm rhif yn hawdd i'w ragweld, ond efallai fyddant yn sylwi mai eilrifau yn unig yw'r atebion.

Lluosi â 4

Ysgrifennwch y brawddegau rhif i gyd-fynd â'r lluniau.

3 grwpiau o 4 = 12

3 x 4 = 12

2 grwpiau o 4 = 8

2 x 4 = 8

4 grwpiau o 4 = 16

4 x 4 = 16

1 grwpiau o 4 = 4

1 x 4 = 4

5 grwpiau o 4 = 20

5 x 4 = 20

3 grwpiau o 4 = 12

3 x 4 = 12

Tynnwch luniau gwahanol i gyd-fynd â'r brawddegau rhif isod.

Darlun y plentyn	Darlun y plentyn
2 x 4 = 8	4 x 4 = 16
Darlun y plentyn	Darlun y plentyn
5 x 4 = 20	3 x 4 = 12

Mae'r dudalen hon yn darparu ymarfer pellach ar gyfer tabl 4.

Rhannu â 4

Sawl un sydd ar bob plât?

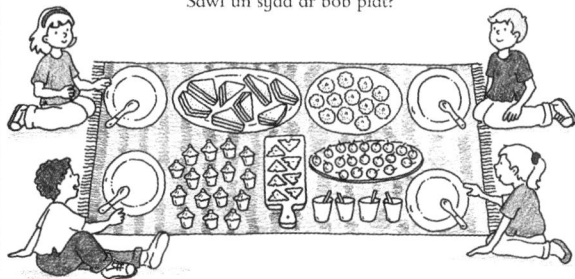

Mae yna 4 o blant. Sawl peth fydd gan bob plentyn?
Tynnwch lun o'r gwrthrychau yn y cylchoedd.

8 brechdan
$8 \div 4 = 2$ yr un

12 bisged
$12 \div 4 = 3$ yr un

4 diod
$4 \div 4 = 1$ yr un

20 ceiriosen
$20 \div 4 = 5$ yr un

16 cacen
$16 \div 4 = 4$ yr un

8 triongl caws
$8 \div 4 = 2$ yr un

Gadewch i'r plentyn gyfeirio'n ôl at y sgwâr rhifau ar dudalen 23. Gall ddod o hyd i 12 ar y grid, a chyfrif yn ôl i weld faint o grwpiau o 4 a gymerodd i gyrraedd y rhif. Mi allai osod y bwrdd go iawn fel cyn pryd o fwyd, a siarad amdano mewn termau mathemategol, e.e. Mae 4 lle wed'u gosod, mae gen i 8 afal, hynny yw 2 afal yr un'.

Tablau cymysg

Sawl peg sydd ym mhob bwrdd pegiau? Ysgrifennwch y swm.

3 rows of 4
$3 \times 4 = 12$

Sawl peg sydd ym mhob bwrdd pegiau? Ysgrifennwch y swm.

4 rhesi o 5
$4 \times 5 = 20$

2 rhesi o 6
$2 \times 6 = 12$

6 rhesi o 3
$6 \times 3 = 18$

5 rhesi o 5
$5 \times 5 = 25$

6 rhesi o 2
$6 \times 2 = 12$

1 rhesi o 5
$1 \times 5 = 5$

4 rhesi o 3
$4 \times 3 = 12$

3 rhesi o 4
$3 \times 4 = 12$

Gofynnwch i blant ddod o hyd i ddau swm lluosi ar gyfer pob bwrdd. Wrth ystyried cwestiwn 1, gallant ddewis 4x5=20 a hefyd 5x4=20. Mae lluosi yn 'gymudol', gan roi'r un ateb pa bynnag ffordd rydych chi'n trefnu'r rhifau. Bydd deall hyn o fudd yn nes ymlaen.

Tablau cymysg

Rhannwch y 12 ceiniog yn gyfartal. Tynnwch lun o'r darnau arian ac ysgrifennwch y swm i ddangos faint mae pob person yn ei gael.

$12 \div 3 = 4$
4 c yr un

$12 \div 2 = 6$
6 c yr un

$12 \div 6 = 2$
2 c yr un

$12 \div 1 = 12$
12 c yr un

$12 \div 12 = 1$
1 c yr un

Wrth weithio gydag arian, mae'n bwysig defnyddio'r unedau cywir. Anogwch blant i ddweud yr uned gyda phob ateb, er enghraifft '6c', bob tro.

Tablau cymysg

Faint fyddan nhw'n cael eu talu?

Rhestr tâl ar gyfer tasgau
Tynnu llwch yn yr ystafell wely — 3c
Bwydo'r gwningen — 2c
Tacluso'r teganau — 6c
Nôl y papur newydd — 5c
Mynd â'r ci am dro — 10c

Ysgrifennwch swm i ddangos faint o arian bydd Joe a Jasmine yn ei ennill wrth gyflawni'i tasgau isod.

Bwydo 4 cwningen
$4 \times 2c = 8c$

Tynnu llwch o 2 ystafell wely
$2 \times 3c = 6c$

Mynd â'r ci am dro 4 gwaith
$4 \times 10c = 40c$

Tacluso'r teganau 3 gwaith
$3 \times 6c = 18c$

Nôl y papur newydd 5 gwaith
$5 \times 5c = 25c$

Faint fyddant yn ei ennill am y tasgau hyn?
Defnyddiwch y lle gwag i ddangos eich dull gweithio allan.

Tynnu llwch o 3 ystafell wely a mynd â'r ci a dro ddwywaith.e
$3 \times 3 = 9$
$2 \times 10 = 20$
$9 + 20c = 29c$

Bwydo'r gwningen 10 gwaith a thacluso'r teganau ddwywaith.
$10 \times 2 = 20$
$2 \times 6 = 12$
$20c + 12c = 32c$

Mae ysgrifennu neu ddweud yr uned (yn yr achos hwn 'c') yn arfer da ar gyfer problemau ariannol. Yn y 6ed a'r 7fed cwestiwn, ydi plant yn sylweddoli bod angen iddynt wneud mwy nag un swm? Ar ôl canfod cost y ddwy dasg ar wahân, mae angen iddynt gofio adio'r rhifau at ei gilydd.

Tablau cymysg

Ysgrifennwch y rhifau mae'r diferion glaw yn eu cuddio.

4 x (5) = 20

2 x 4 = (8)

20 ÷ 4 = (5)

(8) ÷ 2 = 4

(2) x 3 = 6

1 x (3) = 3

6 ÷ 3 = (2)

3 x (1) = 3

45 ÷ 5 = (9)

5 x (9) = 45

8 x 2 = (16)

16 ÷ 2 = (8)

60 ÷ (3) = 6

10 x (3) = 60

(3) x 4 = 12

12 ÷ 4 = (3)

7 x 5 = (35)

5 x (10) = 50

(35) ÷ 5 = 7

50 ÷ (10) = 5

Mae angen i blant wybod tablau 2, 3, 4, 5 , a 10 ar gyfer y dudalen hon. Mae'n bwysig gwybod bod lluosi a rhannu yn weithrediadau 'dirgroes' (gwrthdro). Felly dylent wybod os yw 4 x 5 = 20 a 5 x 4 = 20, yna bydd 20 ÷ 4 = 5 a 20 ÷ 5 = 4.

Tablau cymysg

10 → ÷5 → 2
35 → → 7
45 → → 9
20 → → 4

18 → ÷2 → 9
20 → → 10
12 → → 6
2 → → 1

16 → ÷4 → 4
8 → → 2
4 → → 1
12 → → 3

12 → ÷3 → 4
6 → → 2
15 → → 5
9 → → 3

80 → ÷10 → 8
90 → → 9
30 → → 3
100 → → 10

Dylai plant geisio cwblhau'r ymarfer hwn gan ddefnyddic syms yn y pen yn unig. Ydyn nhw'n gallu siarad trwy'r ymarferion gan ddefnyddio brawddegau mathemategol fe 'Mae 35÷5 … yn golygu "sawl 5 sydd mewn 35 … 7 pur yw 35… felly 35÷5=7"'?

Tablau cymysg

7 → x2 → 14
8 → → 16
10 → → 20
3 → → 6
5 → → 10

2 → x3 → 6
5 → → 15
1 → → 3
4 → → 12
3 → → 9

5 → x4 → 20
3 → → 12
4 → → 16
2 → → 8
1 → → 4

9 → x5 → 45
0 → → 0
6 → → 30
8 → → 40
10 → → 50

8 → x10 → 80
6 → → 60
10 → → 100
2 → → 20
5 → → 50

Os yw plant yn gwybod eu tablau lluosi'n dda, efallai fydd yn her iddynt gwblhau'r dudalen hon fel 'ras yn erbyn y cloc', trwy ddefnyddio amserydd cegin, er enghraifft. Os ydych chi'n cuddio'u hatebion, gallant ddechrau ail ras er mwyn ceisio curo'u hamser gwreiddiol.

Tablau cymysg

Cyfrifwch y niferoedd.

Coesau ar 2 anghenfil   2 x 3 = 6

Cyfrifwch y niferoedd.

Botymau ar 6 anghenfil	6	x	10	= 60	botymau
Llygaid ar 6 anghenfil	6	x	4	= 24	llygad
Dwylo ar 9 anghenfil	9	x	5	= 45	llaw
Trwynau ar 7 anghenfil	7	x	2	= 14	trwyn
Coesau ar 4 anghenfil	4	x	3	= 12	coes
Llygaid ar 3 anghenfil	3	x	4	= 12	llygad
Breichiau ar 8 anghenfil	8	x	5	= 40	braich
Botymau ar 10 anghenfil	10	x	10	= 100	botwm

Atgoffwch blant os nad ydyn nhw'n gwybod yr ateb i sw lluosi penodol (e.e. 6 x 4), gallant newid y rhifau o gwmp roi cynnig ar y ffordd arall (4 x 6). Gadewch iddynt ddyluni'eu creadur doniol eu hunain, gyda niferoedd anarferol o nodweddion, i ddatrys problemau rhif.